D'après l'œuvre de Anne Gutman et Georg Hallensleben
publiée aux Éditions Hachette Livre.

Rédacteur : Emmanuelle Radiguer
Dépôt légal : Janvier 2012 – Édition 01
Loi n°49-956 du 16 juillet 1949 sur les publications destinées à la jeunesse.
Imprimé en France par Pollina - L58968.

Gaspard et Lisa

font des croissants

hachette
JEUNESSE

Tous les samedis, c'est le marché dans ma rue, et
le boulanger installe son stand juste en dessous de chez nous.
Avec Lisa, ma meilleure amie, on aime bien aller sur le balcon
respirer la bonne odeur des croissants. Ça donne faim. Parfois,
on a le droit de descendre en acheter un chacun...

Mais ce jour-là ma maman a dit non, vous restez à la maison, je dois sortir. Mamie Mathilde va arriver pour vous garder.

On était trop contents avec Lisa.
Mamie Mathilde, c'est la plus top des mamies.
Elle a toujours des bonnes idées pour nous occuper.

Moi, je lui ai dit qu'on aurait bien aimé acheter des croissants chez le boulanger d'en bas mais que maman n'avait pas voulu. Alors, Mamie a eu une idée géniale comme toujours :
« Et si nous les cuisinions nous-mêmes, ces croissants ?
Comme ça, ça sentira bon dans toute la maison !

– Et on pourra en manger plein... », j'ai dit à Lisa.

On a filé se laver les mains.

« Commençons par vous équiper », a dit Mamie Mathilde.

Elle nous a distribué à chacun
un chapeau de chef, comme au restaurant !
« Toc, toc ! Y a quelqu'un sous cette toque ? » a rigolé Lisa.

Mamie Mathilde nous a donné tous les ingrédients.
J'ai versé le lait, Lisa s'est occupée de la farine et du beurre,
et nous avons mélangé ensemble, aussi vite qu'un robot.

« Le plus important, c'est la levure, a expliqué Mamie.
C'est grâce à cette poudre que vos croissants vont gonfler... »
J'ai versé un sachet de levure, mais ça n'a rien fait.
Puis le téléphone a sonné et Mamie a couru décrocher. Et quand
elle commence à discuter, on ne peut plus l'arrêter.

Nous, avec Lisa, on était affamés. Alors on a décidé de continuer la recette sans elle. « Si on rajoutait un sachet ? » a proposé Lisa comme la pâte ne gonflait toujours pas.

Au bout de trois sachets, la pâte a commencé
à grossir. Lisa faisait une drôle de tête.

Au début on était contents, parce qu'on se disait qu'on aurait plein de croissants. La pâte est devenue énorme et on a eu peur.

On a essayé de la faire redescendre en posant des plaques dessus, mais elle a continué à gonfler, gonfler... « CATASTROPHE ! » Elle avait l'air de vouloir envahir toute la cuisine.

Heureusement, ça s'est arrêté. Je n'avais jamais vu autant de pâte ! On allait pouvoir faire le croissant le plus gros du monde !

Mais Lisa m'a dit qu'on n'avait pas le four le plus grand du monde pour le faire cuire. Alors on a découpé plein de petits bouts, et on a commencé à les étaler, puis à les rouler.

1 croissant, 10 croissants, 50 croissants...

Quand Mamie Mathilde est revenue, elle a poussé un cri et a regardé tout autour d'elle. Elle n'était pas très contente ! On avait pourtant bien travaillé : il y avait des croissants partout !

C'est vrai que le sol de la cuisine était sale. On a expliqué à Mamie Mathilde que la pâte en débordant avait tout renversé par terre.

Comme Mamie Mathilde a eu l'air très fatiguée, on s'est dit
avec Lisa qu'on allait tout nettoyer. On a jeté le paquet de farine,
la bouteille de lait, les coquilles d'œufs. J'ai passé le balai
et Lisa a tout nettoyé avec un chiffon. Pendant ce temps-là,
Mamie a fait cuire nos croissants.

Quand elle les a sortis du four, on a chacun pris une bouchée. Moi, j'ai adoré, mais j'ai attendu de savoir ce que Mamie Mathilde en pensait.
« Les enfants, je crois bien que c'est le meilleur croissant que j'aie jamais mangé ! » elle a dit.

« Oui, génial ! »
On était des vrais
chefs pâtissiers !

Et on allait pouvoir
en offrir à tout
le quartier !